*Das 4. prophetische Buch
aus dem Alten Testament
der Bibel*

Der Prophet Daniel

*Ein Aufruf an die Menschen,
umzukehren*

*Übersetzung nach
Martin Luther 1545*

TWENTYSIX – Der Self-Publishing-Verlag
Eine Kooperation zwischen der Verlagsgruppe Random House und BoD – Books on Demand

Herstellung und Verlag:
BoD – Books on Demand, Norderstedt

ISBN: 978-3-740-77151-5

Übersetzung nach Martin Luther 1545

Layout, Schriftsatz, Formatierung:
Antonia Katharina Tessnow
www.antonia-katharina.de

1. Kapitel

*Daniels und seiner Freunde Erziehung
am babylonischen Hofe,
ihre Gewissenhaftigkeit und Weisheit.*

1 Im dritten Jahr des Reiches Jojakims, des Königs in Juda, kam Nebukadnezar, der König zu Babel, vor Jerusalem und belagerte es.

2 Und der HERR übergab ihm Jojakim, den König Juda's, und etliche Gefäße aus dem Hause Gottes; die ließ er führen ins Land Sinear in seines Gottes Haus und tat die Gefäße in seines Gottes Schatzkammer.

3 Und der König sprach zu Aspenas, seinem obersten Kämmerer, er sollte aus den Kindern Israel vom königlichen Stamm und Herrenkinder wählen

4 Knaben, die nicht gebrechlich wären, sondern schöne, vernünftige, weise, kluge und verständige, die da geschickt wären, zu dienen an des Königs Hofe und zu lernen chaldäische Schrift und Sprache.

5 Solchen bestimmte der König, was man ihnen täglich geben sollte von seiner Speise und vom Wein, den er selbst trank, daß sie also drei Jahre auferzogen würden und darnach dem König dienen sollten.

6 Unter diesen war Daniel, Hananja, Misael und Asarja von den Kindern Juda.

7 Und der oberste Kämmerer gab ihnen Namen und nannte Daniel Beltsazar und Hananja Sadrach und Misael Mesach und Asarja Abed-Nego.

8 Aber Daniel setzte sich vor in seinem Herzen, daß er sich mit des Königs Speise und mit dem Wein, den er selbst trank, nicht verunreinigen wollte, und bat den obersten Kämmerer, daß er sich nicht müßte verunreinigen.

9 Und Gott gab Daniel, daß ihm der oberste Kämmerer günstig und gnädig ward.

10 Derselbe sprach zu ihm: Ich fürchte mich vor meinem Herrn, dem König, der euch eure Speise und Trank bestimmt hat; wo er würde sehen, daß eure Angesichter jämmerlicher wären denn der andern Knaben eures Alters, so

brächtet ihr mich bei dem König um mein Leben.

11 Da sprach Daniel zu dem Aufseher, welchem der oberste Kämmerer Daniel, Hananja, Misael und Asarja befohlen hatte:

12 Versuche es doch mit deinen Knechten zehn Tage und laß uns geben Gemüse zu essen und Wasser zu trinken.

13 Und laß dann vor dir unsre Gestalt und der Knaben, so von des Königs Speise essen, besehen; und darnach du sehen wirst, darnach schaffe mit deinen Knechten. [Und dann möge unser Aussehen und das Aussehen der jungen Männer, die die Tafelkost des Königs essen, von dir geprüft werden! Dann verfahre mit deinen Knechten je nachdem, was du sehen wirst! (1)]

14 Und er gehorchte ihnen darin und versuchte es mit ihnen zehn Tage.

15 Und nach den zehn Tagen waren sie schöner und besser bei Leibe denn alle Knaben, so von des Königs Speise aßen.

16 Da tat der Aufseher ihre verordnete Speise und Trank weg und gab ihnen Gemüse.

17 Aber diesen vier Knaben gab Gott Kunst und Verstand in allerlei Schrift und Weisheit; Daniel aber gab er Verstand in allen Gesichten und Träumen.

18 Und da die Zeit um war, die der König bestimmt hatte, daß sie sollten hineingebracht werden, brachte sie der oberste Kämmerer hinein vor Nebukadnezar.

19 Und der König redete mit ihnen, und ward unter allen niemand gefunden, der Daniel, Hananja, Misael und Asarja gleich wäre; und sie wurden des Königs Diener.

20 Und der König fand sie in allen Sachen, die er sie fragte zehnmal klüger und verständiger denn alle Sternseher und Weisen in seinem ganzen Reich.

21 Und Daniel erlebte das erste Jahr des König Kores.

2. Kapitel

Daniel legt den Traum Nebukadnezars von den vier Weltreichen und dem ewigen Reiche Gottes aus und wird sehr erhöht.

1 Im zweiten Jahr des Reiches Nebukadnezars hatte Nebukadnezar einen Traum, davon er erschrak, daß er aufwachte.

2 Und er hieß alle Seher und Weisen und Zauberer und Chaldäer zusammenfordern, daß sie dem König seinen Traum sagen sollten. Und sie kamen und traten vor den König.

3 Und der König sprach zu ihnen: Ich habe einen Traum gehabt, der hat mich erschreckt; und ich wollte gern wissen, was es für ein Traum gewesen sei.

4 Da sprachen die Chaldäer zum König auf chaldäisch: Der König lebe ewiglich! Sage deinen Knechten den Traum, so wollen wir ihn deuten.

5 Der König antwortete und sprach zu den Chaldäern: Es ist mir entfallen. Werdet ihr mir den Traum nicht anzeigen und ihn deuten, so sollt ihr in Stücke

zerhauen und eure Häuser schändlich zerstört werden.

6 Werdet ihr mir aber den Traum anzeigen und deuten, so sollt ihr Geschenke, Gaben und große Ehre von mir haben. Darum so sagt mir den Traum und seine Deutung.

7 Sie antworteten wiederum und sprachen: Der König sage seinen Knechten den Traum, so wollen wir ihn deuten.

8 Der König antwortete und sprach: Wahrlich, ich merke es, daß ihr Frist sucht, weil ihr seht, daß mir's entfallen ist.

9 Aber werdet ihr mir nicht den Traum sagen, so geht das Recht über euch, als die ihr Lügen und Gedichte vor mir zu reden euch vorgenommen habt, bis die Zeit vorübergehe. [Wenn ihr mir den Traum nicht mitteilt, bleibt es bei eurer Verurteilung. Denn ihr habt euch verabredet, lügnerische und trügerische Rede vor mir zu reden, bis die Zeit sich ändert. (2)] Darum so sagt mir den Traum, so kann ich merken, daß ihr auch die Deutung trefft.

10 Da antworteten die Chaldäer vor dem

König und sprachen zu ihm: Es ist kein Mensch auf Erden, der sagen könne, was der König fordert. So ist auch kein König, wie groß oder mächtig er sei, der solches von irgend einem Sternseher, Weisen oder Chaldäer fordere.

11 Denn was der König fordert, ist zu hoch, und ist auch sonst niemand, der es vor dem König sagen könne, ausgenommen die Götter, die bei den Menschen nicht wohnen.

12 Da ward der König sehr zornig und befahl, alle Weisen zu Babel umzubringen.

13 Und das Urteil ging aus, daß man die Weisen töten sollte; und Daniel samt seinen Gesellen ward auch gesucht, daß man sie tötete.

14 Da erwiderte Daniel klug und verständig dem Arioch, dem obersten Richter des Königs, welcher auszog, zu töten die Weisen zu Babel.

15 Und er fing an und sprach zu des Königs Vogt, Arioch: Warum ist ein so strenges Urteil vom König ausgegangan? Und Arioch zeigte es dem Daniel an.

16 Da ging Daniel hinein und bat den

König, daß er ihm Frist gäbe, damit er die Deutung dem König sagen möchte.

17 Und Daniel ging heim und zeigte solches an seinen Gesellen, Hananja, Misael und Asarja,

18 daß sie den Gott des Himmels um Gnade bäten solches verborgenen Dinges halben, damit Daniel und seine Gesellen nicht samt den andern Weisen zu Babel umkämen.

19 Da ward Daniel solch verborgenes Ding durch ein Gesicht des Nachts offenbart.

20 Darüber lobte Daniel den Gott des Himmels, fing an und sprach: Gelobt sei der Name Gottes von Ewigkeit zu Ewigkeit! denn sein ist beides, Weisheit und Stärke.

21 Er ändert Zeit und Stunde; er setzt Könige ab und setzt Könige ein; er gibt den Weisen ihre Weisheit und den Verständigen ihren Verstand;

22 er offenbart, was tief und verborgen ist; er weiß, was in der Finsternis liegt, denn bei ihm ist eitel Licht.

23 Ich danke dir und lobe dich, Gott meiner Väter, der du mir Weisheit und

Stärke verleihst und jetzt offenbart hast, darum wir dich gebeten haben; denn du hast uns des Königs Sache offenbart.

24 Da ging Daniel hinein zu Arioch, der vom König Befehl hatte, die Weisen zu Babel umzubringen, und sprach zu ihm also: Du sollst die Weisen zu Babel nicht umbringen, sondern führe mich hinein zum König, ich will dem König die Deutung sagen.

25 Arioch brachte Daniel eilends hinein vor den König und sprach zu ihm also: Es ist einer gefunden unter den Gefangenen aus Juda, der dem König die Deutung sagen kann.

26 Der König antwortete und sprach zu Daniel, den sie Beltsazar hießen: Bist du, der mir den Traum, den ich gesehen habe, und seine Deutung anzeigen kann?

27 Daniel fing an vor dem König und sprach: Das verborgene Ding, das der König fordert von den Weisen, Gelehrten, Sterndeutern und Wahrsagern, steht in ihrem Vermögen nicht, dem König zu sagen.

28 Aber es ist ein Gott im Himmel, der kann verborgene Dinge offenbaren; der

hat dem König Nebukadnezar angezeigt, was in künftigen Zeiten geschehen soll.

29 Mit deinem Traum und deinem Gesichten, da du schliefest, verhielt sich's also: Du, König, dachtest auf deinem Bette, wie es doch hernach zugehen würde; und der, so verborgene Dinge offenbart, hat dir angezeigt, wie es gehen werde.

30 So ist mir solch verborgenes Ding offenbart, nicht durch meine Weisheit, als wäre sie größer denn aller, die da leben; sondern darum, daß dem König die Deutung angezeigt würde und du deines Herzens Gedanken erführest.

31 Du, König, sahst, und siehe, ein großes und hohes und sehr glänzendes Bild stand vor dir, das war schrecklich anzusehen.

32 Des Bildes Haupt war von feinem Golde, seine Brust und Arme waren von Silber, sein Bauch und seine Lenden waren von Erz,

33 seine Schenkel waren Eisen, seine Füße waren eines Teils Eisen und eines Teils Ton.

34 Solches sahst du, bis daß ein Stein

herabgerissen ward ohne Hände; der schlug das Bild an seine Füße, die Eisen und Ton waren, und zermalmte sie.

35 Da wurden miteinander zermalmt das Eisen, Ton, Erz, Silber und Gold und wurden wie eine Spreu auf der Sommertenne, und der Wind verwehte sie, daß man sie nirgends mehr finden konnte. Der Stein aber, der das Bild zerschlug, ward ein großer Berg, daß er die ganze Welt füllte.

36 Das ist der Traum. Nun wollen wir die Deutung vor dem König sagen.

37 Du, König, bist ein König aller Könige, dem der Gott des Himmels Königreich, Macht, Stärke und Ehre gegeben hat

38 und alles, da Leute wohnen, dazu die Tiere auf dem Felde und die Vögel unter dem Himmel in deine Hände gegeben und dir über alles Gewalt verliehen hat. Du bist das goldene Haupt.

39 Nach dir wird ein anderes Königreich aufkommen, geringer denn deins. Darnach das dritte Königreich, das ehern ist, welches wird über alle Lande herrschen.

40 Und das vierte wird hart sein wie

Eisen; denn gleichwie Eisen alles zermalmt und zerschlägt, ja, wie Eisen alles zerbricht, also wird es auch diese alle zermalmen und zerbrechen.

41 Daß du aber gesehen hast die Füße und Zehen eines Teils Ton und eines Teils Eisen: das wird ein zerteiltes Königreich sein; doch wird von des Eisens Art darin bleiben, wie du es denn gesehen hast Eisen mit Ton vermengt.

42 Und daß die Zehen an seinen Füßen eines Teils Eisen und eines Teils Ton sind: wird's zum Teil ein starkes und zum Teil ein schwaches Reich sein.

43 Und daß du gesehen hast Eisen und Ton vermengt: werden sie sich wohl nach Menschengeblüt untereinander mengen, aber sie werden doch nicht aneinander halten, gleichwie sich Eisen und Ton nicht mengen läßt.

44 Aber zur Zeit solcher Königreiche wird der Gott des Himmels ein Königreich aufrichten, das nimmermehr zerstört wird; und sein Königreich wird auf kein ander Volk kommen. Es wird alle diese Königreiche zermalmen und

verstören; aber es selbst wird ewiglich bleiben;

45 wie du denn gesehen hast einen Stein, ohne Hände vom Berge herabgerissen, der das Eisen, Erz, Ton, Silber und Gold zermalmte. Also hat der große Gott dem König gezeigt, wie es hernach gehen werde; und der Traum ist gewiß, und die Deutung ist recht.

46 Da fiel der König Nebukadnezar auf sein Angesicht und betete an vor dem Daniel und befahl, man sollt ihm Speisopfer und Räuchopfer tun.

47 Und der König antwortete Daniel und sprach: Es ist kein Zweifel, euer Gott ist ein Gott über alle Götter und ein HERR über alle Könige, der da kann verborgene Dinge offenbaren, weil du dies verborgene Ding hast können offenbaren.

48 Und der König erhöhte Daniel und gab ihm große und viele Geschenke und machte ihn zum Fürsten über die ganze Landschaft Babel und setzte ihn zum Obersten über alle Weisen zu Babel.

49 Und Daniel bat vom König, daß er über die Ämter der Landschaft Babel

setzen möchte Sadrach, Mesach und Abed-Nego; und er, Daniel, blieb bei dem König am Hofe.

3. Kapitel

Die drei Männer im Feuerofen.

1 Der König Nebukadnezar ließ ein goldenes Bild machen, sechzig Ellen hoch und sechs Ellen breit, und ließ es setzen ins Tal Dura in der Landschaft Babel.

2 Und der König Nebukadnezar sandte nach den Fürsten, Herren, Landpflegern, Richtern, Vögten, Räten, Amtleuten und allen Gewaltigen im Lande, daß sie zusammenkommen sollten, das Bild zu weihen, daß der König Nebukadnezar hatte setzen lassen.

3 Da kamen zusammen die Fürsten, Herren, Landpfleger, Richter, Vögte, Räte, Amtleute und alle Gewaltigen im lande, das Bild zu weihen, das der König Nebukadnezar hatte setzen lassen. Und sie mußten dem Bilde gegenübertreten,

das Nebukadnezar hatte setzen lassen.

4 Und der Herold rief überlaut: Das laßt euch gesagt sein, ihr Völker, Leute und Zungen!

5 Wenn ihr hören werdet den Schall der Posaunen, Drommeten, Harfen, Geigen, Psalter, Lauten und allerlei Saitenspiel, so sollt ihr niederfallen und das goldene Bild anbeten, das der König Nebukadnezar hat setzen lassen.

6 Wer aber alsdann nicht niederfällt und anbetet, der soll von Stund an in den glühenden Ofen geworfen werden.

7 Da sie nun hörten den Schall der Posaunen, Drommeten, Harfen, Geigen, Psalter und allerlei Saitenspiel, fielen nieder alle Völker, Leute und Zungen und beteten an das goldene Bild, das der König Nebukadnezar hatte setzen lassen.

8 Von Stund an traten hinzu etliche chaldäische Männer und verklagten die Juden,

9 fingen an und sprachen zum König Nebukadnezar: Der König lebe ewiglich!

10 Du hast ein Gebot lassen ausgehen, daß alle Menschen, wenn sie hören würden den Schall der Posaunen,

Drommeten, Harfen, Geigen, Psalter, Lauten und allerlei Saitenspiel, sollten sie niederfallen und das goldene Bild anbeten;

11 wer aber nicht niederfiele und anbetete, sollte in den glühenden Ofen geworfen werden.

12 Nun sind da jüdische Männer, welche du über die Ämter der Landschaft Babel gesetzt hast: Sadrach, Mesach und Abed-Nego; die verachten dein Gebot und ehren deine Götter nicht und beten nicht an das goldene Bild, das du hast setzen lassen.

13 Da befahl Nebukadnezar mit Grimm und Zorn, daß man vor ihn stellte Sadrach, Mesach und Abed-Nego. Und die Männer wurden vor den König gestellt.

14 Da fing Nebukadnezar an und sprach zu ihnen: Wie? wollt ihr Sadrach, Mesach, Abed-Nego, meinen Gott, nicht ehren und das goldenen Bild nicht anbeten, das ich habe setzen lassen?

15 Wohlan schickt euch! Sobald ihr hören werdet den Schall der Posaunen, Drommeten, Harfen, Geigen, Psalter,

Lauten und allerlei Saitenspiel, so fallt nieder und betet das Bild an, das ich habe machen lassen! Werdet ihr's nicht anbeten, so sollt ihr von Stund an in den glühenden Ofen geworfen werden. Laßt sehen, wer der Gott sei, der euch aus meiner Hand erretten werde!

16 Da fingen an Sadrach, Mesach, Abed-Nego und sprachen zum König Nebukadnezar: Es ist nicht not, daß wir darauf antworten.

17 Siehe, unser Gott, den wir ehren, kann uns wohl erretten aus dem glühenden Ofen, dazu auch von deiner Hand erretten.

18 Und wo er's nicht tun will, so sollst du dennoch wissen, daß wir deine Götter nicht ehren noch das goldene Bild, das du hast setzen lassen, anbeten wollen.

19 Da ward Nebukadnezar voll Grimms, und sein Angesicht verstellte sich wider Sadrach, Mesach und Abed-Nego, und er befahl, man sollte den Ofen siebenmal heißer machen, denn man sonst zu tun pflegte.

20 Und er befahl den besten Kriegsleuten, die in seinem Heer waren,

daß sie Sadrach, Mesach und Abed-Nego bänden und in den glühenden Ofen würfen.

21 Also wurden diese Männer in ihren Mänteln, Schuhen, Hüten und andern Kleidern gebunden und in den glühenden Ofen geworfen;

22 denn des Königs Gebot mußte man eilends tun. Und man schürte das Feuer im Ofen so sehr, daß die Männer, so den Sadrach, Mesach und Abed-Nego hinaufbrachten, verdarben von des Feuers Flammen.

23 Aber die drei Männer, Sadrach, Mesach und Abed-Nego fielen hinab in den glühenden Ofen, wie sie gebunden waren.

24 Da entsetzte sich der König Nebukadnezar und fuhr auf und sprach zu seinen Räten: Haben wir nicht drei Männer gebunden in das Feuer lassen werfen? Sie antworteten und sprachen zum König: Ja, Herr König.

25 Er antwortete und sprach: Sehe ich doch vier Männer frei im Feuer gehen, und sie sind unversehrt; und der vierte ist gleich, als wäre er ein Sohn der Götter.

26 Und Nebukadnezar trat hinzu vor das Loch des glühenden Ofens und sprach: Sadrach, Mesach, Abed-Nego, ihr Knechte Gottes des Höchsten, geht heraus und kommt her! Da gingen Sadrach, Mesach und Abed-Nego heraus aus dem Feuer.

27 Und die Fürsten, Herren, Vögte und Räte kamen zusammen und sahen, daß das Feuer keine Macht am Leibe dieser Männer bewiesen hatte und ihr Haupthaar nicht versengt und ihre Mäntel nicht versehrt waren; ja man konnte keinen Brand an ihnen riechen.

28 Da fing Nebukadnezar an und sprach: Gelobt sei der Gott Sadrachs, Mesachs und Abed-Negos, der seinen Engel gesandt und seine Knechte errettet hat, die ihm vertraut und des Königs Gebot nicht gehalten, sondern ihren Leib dargegeben haben, daß sie keinen Gott ehren noch anbeten wollten als allein ihren Gott!

29 So sei nun dies mein Gebot: Welcher unter allen Völkern, Leuten und Zungen den Gott Sadrachs, Mesachs und Abed-Negos lästert, der soll in Stücke zerhauen

und sein Haus schändlich verstört werden. Denn es ist kein andrer Gott, der also erretten kann, als dieser.

30 Und der König gab Sadrach, Mesach und Abed-Nego große Gewalt in der Landschaft Babel.

4. Kapitel

Erlaß des Königs Nebukadnezars über einen andern Traum und seine Deutung.
Des Königs Wahnsinn und Demütigung.

1 (3, 31) König Nebukadnezar allen Völkern, Leuten und Zungen auf der ganzen Erde: Viel Friede zuvor!

2 (3, 32) Ich sehe es für gut an, daß ich verkündige die Zeichen und Wunder, so Gott der Höchste an mir getan hat.

3 (3, 33) Denn seine Zeichen sind groß, und seine Wunder mächtig, und sein Reich ist ein ewiges Reich, und seine Herrschaft währt für und für.

4 (1) Ich, Nebukadnezar, da ich gute Ruhe hatte in meinem Hause und es wohl stand auf meiner Burg,

5 (2) sah einen Traum und erschrak, und die Gedanken, die ich auf meinem Bett hatte, und das Gesicht, so ich gesehen hatte, betrübten mich.

6 (3) Und ich befahl, daß alle Weisen zu Babel vor mich hereingebracht würden, daß sie mir sagten, was der Traum bedeutet.

7 (4) Da brachte man herein die Sternseher, Weisen, Chaldäer und Wahrsager, und ich erzählte den Traum vor ihnen; aber sie konnten mir nicht sagen, was er bedeutete,

8 (5) bis zuletzt Daniel vor mich kam, welcher Beltsazar heißt nach dem Namen meines Gottes, der den Geist der heiligen Götter hat. Und ich erzählte vor ihm meinen Traum:

9 (6) Beltsazar, du Oberster unter den Sternsehern, von dem ich weiß, daß du den Geist der heiligen Götter hast und dir nichts verborgen ist, sage, was das Gesicht meines Traumes, das ich gesehen habe, bedeutet.

10 (7) Dies aber ist das Gesicht, das ich gesehen habe auf meinem Bette: Siehe,

es stand ein Baum mitten im Lande, der war sehr hoch.

11 (8) Und er wurde groß und mächtig, und seine Höhe reichte bis an den Himmel, und er breitete sich aus bis ans Ende der ganzen Erde.

12 (9) Seine Äste waren schön und trugen viel Früchte, davon alles zu essen hatte; alle Tiere auf dem Felde fanden Schatten unter ihm, und die Vögel unter dem Himmel saßen auf seinen Ästen, und alles Fleisch nährte sich von ihm.

13 (10) Und ich sah ein Gesicht auf meinem Bette, und siehe, ein heiliger Wächter fuhr vom Himmel herab;

14 (11) der rief überlaut und sprach also: Haut den Baum um und behaut ihm die Äste und streift ihm das Laub ab und zerstreut seine Früchte, daß die Tiere, so unter ihm liegen, weglaufen und die Vögel von seinen Zweigen fliehen.

15 (12) Doch laßt den Stock mit seinen Wurzeln in der Erde bleiben; er aber soll in eisernen und ehernen Ketten auf dem Felde im Grase und unter dem Tau des Himmels liegen und naß werden und soll

sich weiden mit den Tieren von den Kräutern der Erde.

16 (13) Und das menschliche Herz soll von ihm genommen und ein viehisches Herz ihm gegeben werden, bis daß sieben Zeiten über ihn um sind.

17 (14) Solches ist im Rat der Wächter beschlossen und im Gespräch der Heiligen beratschlagt, auf daß die Lebendigen erkennen, daß der Höchste Gewalt hat über der Menschen Königreiche und gibt sie, wem er will, und erhöht die Niedrigen zu denselben.

18 (15) Solchen Traum habe ich, König Nebukadnezar, gesehen; du aber Beltsazar, sage mir was er bedeutet. Denn alle Weisen in meinem Königreiche können mir nicht anzeigen, was er bedeute; du aber kannst es wohl, denn der Geist der heiligen Götter ist bei dir.

19 (16) Da entsetzte sich Daniel, der sonst Beltsazar heißt, bei einer Stunde lang und seine Gedanken betrübten ihn. Aber der König sprach: Beltsazar, laß dich den Traum und seine Deutung nicht betrüben. Beltsazar fing an und sprach: Ach mein Herr, daß der Traum deinen

Feinden und seine Deutung deinen Widersachern gälte!

20 (17) Der Baum, den du gesehen hast, daß er groß und mächtig ward und seine Höhe an den Himmel reichte und daß er sich über die Erde breitete

21 (18) und seine Äste schön waren und seiner Früchte viel, davon alles zu essen hatte, und die Tiere auf dem Felde unter ihm wohnten und die Vögel des Himmels auf seinen Ästen saßen:

22 (19) das bist du, König, der du so groß und mächtig geworden; denn deine Macht ist groß und reicht an den Himmel, und deine Gewalt langt bis an der Welt Ende.

23 (20) Daß aber der König einen heiligen Wächter gesehen hat vom Himmel herabfahren und sagen: Haut den Baum um und verderbt ihn; doch den Stock mit seinen Wurzeln laßt in der Erde bleiben; er aber soll in eisernen und ehernen Ketten auf dem Felde im Grase gehen und unter dem Tau des Himmels liegen und naß werden und sich mit den Tieren auf dem Felde weiden, bis über ihn sieben Zeiten um sind,

24 (21) das ist die Deutung, Herr König, und solcher Rat des Höchsten geht über meinen Herrn König:

25 (22) Man wird dich von den Leuten stoßen, und du mußt bei den Tieren auf dem Felde bleiben, und man wird dich Gras essen lassen wie die Ochsen, und wirst unter dem Tau des Himmels liegen und naß werden, bis über dir sieben Zeiten um sind, auf daß du erkennst, daß der Höchste Gewalt hat über der Menschen Königreiche und gibt sie, wem er will.

26 (23) Daß aber gesagt ist, man solle dennoch den Stock des Baumes mit seinen Wurzeln bleiben lassen: dein Königreich soll dir bleiben, wenn du erkannt hast die Gewalt im Himmel.

27 (24) Darum, Herr König, laß dir meinen Rat gefallen und mache dich los von deinen Sünden durch Gerechtigkeit und ledig von deiner Missetat durch Wohltat an den Armen, so wird dein Glück lange währen.

28 (25) Dies alles widerfuhr dem König Nebukadnezar.

29 (26) Denn nach zwölf Monaten, da

der König auf der königlichen Burg zu
Babel ging,

30 (27) hob er an und sprach: Das ist die
große Babel, die ich erbaut habe zum
königlichen Hause durch meine große
Macht, zu Ehren meiner Herrlichkeit.

31 (28) Ehe der König diese Worte
ausgeredet hatte, fiel eine Stimme vom
Himmel: Dir, König Nebukadnezar, wird
gesagt: dein Königreich soll dir
genommen werden;

32 (29) und man wird dich von den
Leuten verstoßen, und sollst bei den
Tieren, so auf dem Felde gehen, bleiben;
Gras wird man dich essen lassen wie
Ochsen, bis über dir sieben Zeiten um
sind, auf daß du erkennst, daß der
Höchste Gewalt hat über der Menschen
Königreiche und gibt sie, wem er will.

33 (30) Von Stund an ward das Wort
vollbracht über Nebukadnezar, und er
ward verstoßen von den Leuten hinweg,
und er aß Gras wie Ochsen, und sein
Leib lag unter dem Tau des Himmels, und
er ward naß, bis sein Haar wuchs so groß
wie Adlersfedern und seine Nägel wie
Vogelsklauen wurden.

34 (31) Nach dieser Zeit hob ich, Nebukadnezar, meine Augen auf gen Himmel und kam wieder zur Vernunft und lobte den Höchsten. Ich pries und ehrte den, der ewiglich lebt, des Gewalt ewig ist und des Reich für und für währt,

35 (32) gegen welchen alle, so auf Erden wohnen, als nichts zu rechnen sind. Er macht's, wie er will, mit den Kräften im Himmel und mit denen, so auf Erden wohnen; und niemand kann seiner Hand wehren noch zu ihm sagen: Was machst du?

36 (33) Zur selben Zeit kam ich wieder zur Vernunft, auch zu meinen königlichen Ehren, zu meiner Herrlichkeit und zu meiner Gestalt. Und meine Räte und Gewaltigen suchten mich, und ich ward wieder in mein Königreich gesetzt; und ich überkam noch größere Herrlichkeit.

37 (34) Darum lobe ich, Nebukadnezar, und ehre und preise den König des Himmels; denn all sein Tun ist Wahrheit, und seine Wege sind recht, und wer stolz ist, den kann er demütigen.

5. Kapitel

Belsazers Gastmahl:
die wunderbare Schrift an der Wand;
ihre Deutung durch Daniel.

1 König Belsazer machte ein herrliches Mahl seinen tausend Gewaltigen und soff sich voll mit ihnen.

2 Und da er trunken war, hieß er die goldenen und silbernen Gefäße herbringen, die sein Vater Nebukadnezar aus dem Tempel zu Jerusalem weggenommen hatte, daß der König mit seinen Gewaltigen, mit seinen Weibern und mit seinen Kebsweibern (Nebenfrauen) daraus tränken.

3 Also wurden hergebracht die goldenen Gefäße, die aus dem Tempel, aus dem Hause Gottes zu Jerusalem, genommen waren; und der König, seine Gewaltigen, seine Weiber und Kebsweiber tranken daraus.

4 Und da sie so soffen, lobten sie die goldenen, silbernen, ehernen, eisernen, hölzernen und steinernen Götter.

5 Eben zu derselben Stunde gingen

hervor Finger wie einer Menschenhand, die schrieben, gegenüber dem Leuchter, auf die getünchte Wand in dem königlichen Saal; und der König ward gewahr der Hand, die da schrieb.

6 Da entfärbte sich der König, und seine Gedanken erschreckten ihn, daß ihm die Lenden schütterten und die Beine zitterten.

7 Und der König rief überlaut, daß man die Weisen, Chaldäer und Wahrsager hereinbringen sollte. Und er ließ den Weisen zu Babel sagen: Welcher Mensch diese Schrift liest und sagen kann, was sie bedeute, der soll in Purpur gekleidet werden und eine goldene Kette am Halse tragen und der dritte Herr sein in meinem Königreiche.

8 Da wurden alle Weisen des Königs hereingebracht; aber sie konnten weder die Schrift lesen noch die Deutung dem König anzeigen.

9 Darüber erschrak der König Belsazer noch härter und verlor ganz seine Farbe; und seinen Gewaltigen ward bange.

10 Da ging die Königin um solcher Sache des Königs und seiner Gewaltigen

willen hinein in den Saal und sprach: Der König lebe ewiglich! Laß dich deine Gedanken nicht so erschrecken und entfärbe dich nicht also!

11 Es ist ein Mann in deinem Königreich, der den Geist der heiligen Götter hat. Denn zu deines Vaters Zeit ward bei ihm Erleuchtung gefunden, Klugheit und Weisheit, wie der Götter Weisheit ist; und dein Vater, König Nebukadnezar, setzte ihn über die Sternseher, Weisen, Chaldäer und Wahrsager, [Und König Nebukadnezzar, dein Vater, hat ihn eingesetzt als Obersten der Magier, Zauberer, Sterndeuter und Wahrsager, dein Vater, der König (3) Und der König Nebukadnezar, dein Vater, hat ihn zum Obersten der Wahrsagepriester, der Beschwörer, Sterndeuter und Zeichendeuter eingesetzt; dein Vater, König! (4)]

12 darum daß ein hoher Geist bei ihm gefunden ward, dazu Verstand und Klugheit, Träume zu deuten, dunkle Sprüche zu erraten und verborgene Sachen zu offenbaren: nämlich Daniel, den der König ließ Beltsazar nennen. So

rufe man nun Daniel; der wird sagen, was es bedeutet.

13 Da ward Daniel hinein vor den König gebracht. Und der König sprach zu Daniel: Bist du der Daniel, der Gefangenen einer aus Juda, die der König, mein Vater aus Juda hergebracht hat?

14 Ich habe von dir hören sagen [Ich habe von dir gehört (5)], daß du den Geist der Götter hast und Erleuchtung, Verstand und hohe Weisheit bei dir gefunden sei.

15 Nun habe ich vor mich fordern lassen die Klugen und Weisen, daß sie mir diese Schrift lesen und anzeigen sollen, was sie bedeutet: und sie können mir nicht sagen, was solches bedeutet.

16 Von dir aber höre ich, daß du könnest Deutungen geben und das Verborgene offenbaren. Kannst du nun die Schrift lesen und mir anzeigen, was sie bedeutet, so sollst du mit Purpur gekleidet werden und eine golde Kette an deinem Halse tragen und der dritte Herr sein in meinem Königreiche.

17 Da fing Daniel an und redete vor dem

König: Behalte deine Gaben selbst und gib dein Geschenk einem andern; ich will dennoch die Schrift dem König lesen und anzeigen, was sie bedeutet.

18 Herr König, Gott der Höchste, hat deinem Vater, Nebukadnezar, Königreich, Macht, Ehre und Herrlichkeit gegeben.

19 Und vor solcher Macht, die ihm gegeben war, fürchteten sich vor ihm alle Völker, Leute und Zungen. Er tötete, wen er wollte; er ließ leben, wen er wollte; er erhöhte, wen er wollte; er demütigte, wen er wollte.

20 Da sich aber sein Herz erhob und er stolz und hochmütig ward, ward er vom königlichen Stuhl gestoßen und verlor seine Ehre

21 und ward verstoßen von den Leuten hinweg, und sein Herz ward gleich den Tieren, und er mußte bei dem Wild laufen und fraß Gras wie Ochsen, und sein Leib lag unterm Tau des Himmels, und er ward naß, bis daß er lernte, daß Gott der Höchste Gewalt hat über der Menschen Königreiche und gibt sie, wem er will.

22 Und du, Belsazer, sein Sohn, hast dein

Herz nicht gedemütigt, ob du wohl solches alles weißt,

23 sondern hast dich wider den HERRN des Himmels erhoben, und die Gefäße seines Hauses hat man vor dich bringen müssen, und du, deine Gewaltigen, deine Weiber und deine Kebsweiber habt daraus getrunken, dazu die silbernen, goldenen, ehernen, eisernen, hölzernen und steinernen Götter gelobt, die weder sehen noch hören noch fühlen; den Gott aber, der deinen Odem und alle deine Wege in seiner Hand hat, hast du nicht geehrt.

24 Darum ist von ihm gesandt diese Hand und diese Schrift, die da verzeichnet steht.

25 Das aber ist die Schrift, allda verzeichnet: Mene, mene, Tekel, U-pharsin.

26 Und sie bedeutet dies: Mene, das ist Gott hat dein Königreich gezählt und vollendet.

27 Tekel, das ist: man hat dich in einer Waage gewogen und zu leicht gefunden.

28 Peres, das ist: dein Königreich ist

zerteilt und den Medern und Persern gegeben.

29 Da befahl Belsazer, daß man Daniel mit Purpur kleiden sollte und ihm eine goldene Kette an den Hals geben, und ließ ihm verkündigen, daß er der dritte Herr sei im Königreich.

30 Aber in derselben Nacht ward der Chaldäer König Belsazer getötet.

31 (6, 1) Und Darius aus Medien nahm das Reich ein, da er zweiundsechzig Jahre alt war.

6. Kapitel

Daniel in der Löwengrube.

1 (2) Und Darius sah es für gut an, daß er über das ganze Königreich setzte hundertzwanzig Landvögte.

2 (3) Über diese setzte er drei Fürsten, deren einer Daniel war, welchen die Landvögte sollten Rechnung tun, daß der König keinen Schaden litte.

3 (4) Daniel aber übertraf die Fürsten und Landvögte alle, denn es war ein

hoher Geist in ihm; darum gedachte der König, ihn über das ganze Königreich zu setzen.

4 (5) Derhalben trachteten die Fürsten und Landvögte darnach, wie sie eine Sache an Daniel fänden, die wider das Königreich wäre. Aber sie konnten keine Sache noch Übeltat finden; denn er war treu, daß man ihm keine Schuld noch Übeltat an ihm finden mochte.

5 (6) Da sprachen die Männer: Wir werden keine Sache an Daniel finden außer seinem Gottesdienst.

6 (7) Da kamen die Fürsten und Landvögte zuhauf vor den König und sprachen zu ihm also: Der König Darius lebe ewiglich!

7 (8) Es haben die Fürsten des Königreichs, die Herren, die Landvögte, die Räte und Hauptleute alle Gedacht, daß man einen königlichen Befehl soll ausgehen lassen und ein strenges Gebot stellen, daß, wer in dreißig Tagen etwas bitten wird von irgend einem Gott oder Menschen außer dir, König, allein, solle zu den Löwen in den Graben geworfen werden.

8 (9) Darum, lieber König, sollst du solch Gebot bestätigen und dich unterschreiben, auf daß es nicht geändert werde, nach dem Rechte der Meder und Perser, welches niemand aufheben darf.

9 (10) Also unterschrieb sich der König Darius.

10 (11) Als nun Daniel erfuhr, daß solch Gebot unterschrieben wäre, ging er hinein in sein Haus (er hatte aber an seinem Söller offene Fenster gegen Jerusalem); und er fiel des Tages dreimal auf seine Kniee, betete, lobte und dankte seinem Gott, wie er denn bisher zu tun pflegte.

11 (12) Da kamen diese Männer zuhauf und fanden Daniel beten und flehen vor seinem Gott.

12 (13) Und traten hinzu und redeten mit dem König von dem königlichen Gebot: Herr König, hast du nicht ein Gebot unterschrieben, daß, wer in dreißig Tagen etwas bitten würde von irgend einem Gott oder Menschen außer dir, König, allein, solle zu den Löwen in den Graben geworfen werden? Der König antwortete und sprach: Es ist wahr, und

das Recht der Meder und Perser soll niemand aufheben.

13 (14) Sie antworteten und sprachen vor dem König: Daniel, der Gefangenen aus Juda einer, der achtet weder dich noch dein Gebot, das du verzeichnet hast; denn er betet des Tages dreimal.

14 (15) Da der König solches hörte, ward er sehr betrübt und tat großen Fleiß, daß er Daniel erlöste, und mühte sich bis die Sonne unterging, daß er ihn errettete.

15 (16) Aber die Männer kamen zuhauf zu dem König und sprachen zu ihm: Du weißt, Herr König, daß der Meder und Perser Recht ist, daß alle Gebote und Befehle, so der König beschlossen hat, sollen unverändert bleiben.

16 (17) Da befahl der König, daß man Daniel herbrächte; und sie warfen ihn zu den Löwen in den Graben. Der König aber sprach zu Daniel: Dein Gott, dem du ohne Unterlaß dienst, der helfe dir!

17 (18) Und sie brachten einen Stein, den legten sie vor die Tür am Graben; den versiegelte der König mit seinem eigenen Ring und mit dem Ring der

Gewaltigen, auf daß nichts anderes mit Daniel geschähe.

18 (19) Und der König ging weg in seine Burg und blieb ungegessen und ließ auch kein Essen vor sich bringen, konnte auch nicht schlafen.

19 (20) Des Morgens früh, da der Tag anbrach, stand der König auf und ging eilend zum Graben, da die Löwen waren.

20 (21) Und als er zum Graben kam rief er Daniel mit kläglicher Stimme. Und der König sprach zu Daniel: Daniel, du Knecht des lebendigen Gottes, hat dich auch dein Gott, dem du ohne Unterlaß dienst, können vor den Löwen erlösen?

21 (22) Daniel aber redete mit dem König: Der König lebe ewiglich!

22 (23) Mein Gott hat seinen Engel gesandt, der den Löwen den Rachen zugehalten hat, daß sie mir kein Leid getan haben; denn vor ihm bin ich unschuldig erfunden; so habe ich auch wider dich, Herr König, nichts getan.

23 (24) Da ward der König sehr froh und hieß Daniel aus dem Graben ziehen. Und sie zogen Daniel aus dem Graben, und

man spürte keinen Schaden an ihm; denn er hatte seinem Gott vertraut.

24 (25) Da hieß er die Männer, so Daniel verklagt hatten, herbringen und zu den Löwen in den Graben werfen samt ihren Weibern und Kindern. Und ehe sie auf den Boden hinabkamen, ergriffen sie die Löwen und zermalmten alle ihre Gebeine.

25 (26) Da ließ der König Darius schreiben allen Völkern, Leuten und Zungen auf der ganzen Erde: "Viel Friede zuvor!

26 (27) Das ist mein Befehl, daß man in der ganzen Herrschaft meines Königreiches den Gott Daniels fürchten und scheuen soll. Denn er ist der lebendige Gott, der ewiglich bleibt, und sein Königreich ist unvergänglich, und seine Herrschaft hat kein Ende.

27 (28) Er ist ein Erlöser und Nothelfer, und er tut Zeichen und Wunder im Himmel und auf Erden. Der hat Daniel von den Löwen erlöst."

28 (29) Und Daniel ward gewaltig im Königreich des Darius und auch im Königreich des Kores, des Persers.

7. Kapitel

*Daniels Traumgesicht
von den vier Weltreichen und dem
ewigen Reiche des Menschensohnes.*

1 Im ersten Jahr Belsazers, des Königs zu Babel, hatte Daniel einen Traum und Gesichte auf seinem Bett; und er schrieb den Traum auf und verfaßte ihn also:

2 Ich, Daniel, sah ein Gesicht in der Nacht, und siehe, die vier Winde unter dem Himmel stürmten widereinander auf dem großen Meer.

3 Und vier große Tiere stiegen heraus aus dem Meer, ein jedes anders denn das andere.

4 Das erste wie ein Löwe und hatte Flügel wie ein Adler. Ich sah zu, bis daß ihm die Flügel ausgerauft wurden; und es ward von der Erde aufgehoben, und es stand auf zwei Füßen wie ein Mensch, und ihm ward ein menschlich Herz gegeben.

5 Und siehe, das andere Tier hernach war gleich einem Bären und stand auf der einen Seite und hatte in seinem Maul

unter seinen Zähnen drei große, lange Zähne. Und man sprach zu ihm: Stehe auf und friß viel Fleisch!

6 Nach diesem sah ich, und siehe, ein anderes Tier, gleich einem Parder (Panther), das hatte vier Flügel wie ein Vogel auf seinem Rücken, und das Tier hatte vier Köpfe; und ihm ward Gewalt gegeben.

7 Nach diesem sah ich in diesem Gesicht in der Nacht, und siehe, das vierte Tier war gräulich und schrecklich und sehr stark und hatte große eiserne Zähne, fraß um sich und zermalmte, und das übrige zertrat's mit seinen Füßen; es war auch viel anders denn die vorigen und hatte zehn Hörner.

8 Da ich aber die Hörner schaute, siehe, da brach hervor zwischen ihnen ein anderes kleines Horn, vor welchen der vorigen Hörner drei ausgerissen wurden; und siehe, dasselbe Horn hatte Augen wie Menschenaugen und ein Maul, das redete große Dinge.

9 Solches sah ich, bis daß Stühle gesetzt wurden; und der Alte setzte sich. Des Kleid war schneeweiß, und das Haar auf

seinem Haupt wie reine Wolle; sein Stuhl war eitel Feuerflammen, und dessen Räder brannten mit Feuer.

10 Und von ihm her ging ein langer feuriger Strahl. Tausend mal tausend dienten ihm, und zehntausend mal zehntausend standen vor ihm. Das Gericht ward gehalten, und die Bücher wurden aufgetan.

11 Ich sah zu um der großen Reden willen, so das Horn redete; ich sah zu bis das Tier getötet ward und sein Leib umkam und ins Feuer geworfen ward

12 und der anderen Tiere Gewalt auch aus war; denn es war ihnen Zeit und Stunde bestimmt, wie lange ein jegliches währen sollte.

13 Ich sah in diesem Gesicht des Nachts, und siehe, es kam einer in des Himmels Wolken wie eines Menschen Sohn bis zu dem Alten und ward vor ihn gebracht.

14 Der gab ihm Gewalt, Ehre und Reich, daß ihm alle Völker, Leute und Zungen dienen sollten. Seine Gewalt ist ewig, die nicht vergeht, und sein Königreich hat kein Ende.

15 Ich, Daniel, entsetzte mich davor, und solches Gesicht erschreckte mich.

16 Und ich ging zu der einem, die dastanden, und bat ihn, daß er mir von dem allem gewissen Bericht gäbe. Und er redete mit mir und zeigte mir, was es bedeutete.

17 Diese vier großen Tiere sind vier Reiche, so auf Erden kommen werden.

18 Aber die Heiligen des Höchsten werden das Reich einnehmen und werden's immer und ewiglich besitzen.

19 Darnach hätte ich gern gewußt gewissen Bericht von dem vierten Tier, welches gar anders war denn die anderen alle, sehr gräulich, das eiserne Zähne und eherne Klauen hatte, das um sich fraß und zermalmte und das übrige mit seinen Füßen zertrat;

20 und von den zehn Hörnern auf seinem Haupt und von dem andern, das hervorbrach, vor welchem drei abfielen; und das Horn hatte Augen und ein Maul, das große Dinge redete, und war größer, denn die neben ihm waren.

21 Und ich sah das Horn streiten wider

die Heiligen, und es behielt den Sieg
wider sie,

22 bis der Alte kam und Gericht hielt für
die Heiligen des Höchsten, und die Zeit
kam, daß die Heiligen das Reich
einnahmen.

23 Er sprach also: Das vierte Tier wird
das vierte Reich auf Erden sein, welches
wird gar anders sein denn alle Reiche; es
wird alle Lande fressen, zertreten und
zermalmen.

24 Die Zehn Hörner bedeuten zehn
Könige, so aus dem Reich entstehen
werden. Nach ihnen aber wird ein
anderer aufkommen, der wird gar anders
sein denn die vorigen und wird drei
Könige demütigen.

25 Er wird den Höchsten Lästern und die
Heiligen des Höchsten verstören und
wird sich unterstehen, Zeit und Gesetz zu
ändern. Sie werden aber in seine Hand
gegeben werden eine Zeit und zwei
Zeiten und eine halbe Zeit.

26 Darnach wird das Gericht gehalten
werden; da wird dann seine Gewalt
weggenommen werden, daß er

zugrunde vertilgt und umgebracht
werde.

27 Aber das Reich, Gewalt und Macht
unter dem ganzen Himmel wird dem
heiligen Volk des Höchsten gegeben
werden, des Reich ewig ist, und alle
Gewalt wird ihm dienen und gehorchen.

28 Das war der Rede Ende. Aber ich,
Daniel, ward sehr betrübt in meinen
Gedanken, und meine Gestalt verfiel;
doch behielt ich die Rede in meinem
Herzen.

8. Kapitel

*Gesicht von den Reichen der Meder und
Perser, der Griechen und von einem gegen
das Volk Gottes grausamen König.*

1 Im dritten Jahr des Königreichs des
Königs Belsazer erschien mir, Daniel, ein
Gesicht nach dem, so mir zuerst
erschienen war.

2 Ich war aber in solchem Gesicht zu
Schloß Susan im Lande Elam, am Wasser
Ulai.

3 Und ich hob meine Augen auf und sah, und siehe, ein Widder stand vor dem Wasser, der hatte zwei hohe Hörner, doch eins höher denn das andere, und das höchste wuchs am letzten.

4 Ich sah, daß der Widder mit den Hörnern stieß gegen Abend, gegen Mitternacht und gegen Mittag; und kein Tier konnte vor ihm bestehen noch von seiner Hand errettet werden, sondern er tat, was er wollte, und ward groß.

5 Und indem ich darauf merkte, siehe, da kommt ein Ziegenbock vom Abend her über die ganze Erde, daß er die Erde nicht berührte; und der Bock hatte ein ansehnliches Horn zwischen seinen Augen.

6 Und er kam bis zu dem Widder der zwei Hörner hatte, den ich stehen sah vor dem Wasser, und er lief in seinem Zorn gewaltig auf ihn zu.

7 Und ich sah ihm zu, daß er hart an den Widder kam, und er ergrimmte über ihn und stieß den Widder und zerbrach ihm seine zwei Hörner. Und der Widder hatte keine Kraft, daß er vor ihm hätte können bestehen; sondern er warf ihn zu Boden

und zertrat ihn und niemand konnte den Widder von seiner Hand erretten.

8 Und der Ziegenbock ward sehr groß. Und da er am stärksten geworden war, zerbrach das große Horn, und wuchsen ihm an seiner Statt vier ansehnliche gegen die vier Winde des Himmels.

9 Und aus einem wuchs ein kleines Horn; das ward sehr groß gegen Mittag, gegen Morgen und gegen das werte Land.

10 Und es wuchs bis an des Himmels Heer und warf etliche davon und von den Sternen zur Erde und zertrat sie.

11 Ja es wuchs bis an den Fürsten des Heeres und nahm von ihm weg das tägliche Opfer und verwüstete die Wohnung seines Heiligtums.

12 Es ward ihm aber solche Macht gegeben wider das tägliche Opfer um der Sünde willen, daß es die Wahrheit zu Boden schlüge und, was es tat, ihm gelingen mußte.

13 Ich hörte aber einen Heiligen reden; und ein Heiliger sprach zu dem, der da redete: Wie lange soll doch währen solch Gesicht vom täglichen Opfer und von der Sünde, um welcher willen diese

Verwüstung geschieht, daß beide, das Heiligtum und das Heer zertreten werden?

14 Und er antwortete mir: Bis zweitausend dreihundert Abende und Morgen um sind; dann wird das Heiligtum wieder geweiht werden.

15 Und da ich, Daniel, solch Gesicht sah und hätte es gern verstanden, siehe, da stand's vor mir wie ein Mann.

16 Und ich hörte mitten vom Ulai her einen mit Menschenstimme rufen und sprechen: Gabriel, lege diesem das Gesicht aus, daß er's verstehe!

17 Und er trat nahe zu mir. Ich erschrak aber, da er kam, und fiel auf mein Angesicht. Er aber sprach zu mir: Merke auf, du Menschenkind! denn dies Gesicht gehört in die Zeit des Endes.

18 Und da er mit mir redete, sank ich in eine Ohnmacht zur Erde auf mein Angesicht. Er aber rührte mich an und richtete mich auf, daß ich stand.

19 Und er sprach: Siehe, ich will dir zeigen, wie es gehen wird zur Zeit des letzten Zorns; denn das Ende hat seine bestimmte Zeit.

20 Der Widder mit den zwei Hörnern, den du gesehen hast, sind die Könige in Medien und Persien.

21 Der Ziegenbock aber ist der König in Griechenland. Das Horn zwischen seinen Augen ist der erste König.

22 Daß aber vier an seiner Statt standen, da es zerbrochen war, bedeutet, daß vier Königreiche aus dem Volk entstehen werden, aber nicht so mächtig, wie er war.

23 In der letzten Zeit ihres Königreiches, wenn die Übertreter überhandnehmen, wird aufkommen ein frecher und tückischer König.

24 Der wird mächtig sein, doch nicht durch seine Kraft; er wird gräulich verwüsten, und es wird ihm gelingen, daß er's ausrichte. Er wird die Starken samt dem heiligen Volk verstören.

25 Und durch seine Klugheit wird ihm der Betrug geraten, und er wird sich in seinem Herzen erheben, und mitten im Frieden wird er viele verderben und wird sich auflehnen wider den Fürsten aller Fürsten; aber er wird ohne Hand zerbrochen werden.

26 Dies Gesicht vom Abend und Morgen das dir gesagt ist, das ist wahr; aber du sollst das Gesicht heimlich halten, denn es ist noch eine lange Zeit dahin.

27 Und ich, Daniel, ward schwach und lag etliche Tage krank. Darnach stand ich auf und richtete aus des Königs Geschäft. Und verwunderte mich des Gesichts; und war niemand da, der mir's auslegte.

9. Kapitel

*Daniels Bußgebet für das Volk Israel.
Göttliche Offenbarung von siebzig Wochen.*

1 Im ersten Jahr des Darius, des Sohnes Ahasveros, aus der Meder Stamm, der über das Königreich der Chaldäer König ward,

2 in diesem ersten Jahr seines Königreiches merkte ich, Daniel, in den Büchern auf die Zahl der Jahre, davon der HERR geredet hatte zum Propheten Jeremia, daß Jerusalem sollte siebzig Jahre wüst liegen.

3 Und ich kehrte mich zu Gott dem

HERRN, zu beten und zu flehen mit Fasten im Sack und in der Asche.

4 Ich betete aber zu dem HERRN, meinem Gott, bekannte und sprach: Ach lieber HERR, du großer und schrecklicher Gott, der du Bund und Gnade hältst denen, die dich lieben und deine Gebote halten:

5 wir haben gesündigt, unrecht getan, sind gottlos gewesen und abtrünnig geworden; wir sind von deinen Geboten und Rechten gewichen.

6 Wir gehorchten nicht deinen Knechten, den Propheten, die in deinem Namen unsern Königen, Fürsten, Vätern und allem Volk im Lande predigten.

7 Du, HERR, bist gerecht, wir aber müssen uns schämen; wie es denn jetzt geht denen von Juda und denen von Jerusalem und dem ganzen Israel, denen, die nahe und fern sind in allen Landen, dahin du sie verstoßen hast um ihrer Missetat willen, die sie an dir begangen haben.

8 Ja, HERR, wir, unsre Könige, unsre Fürsten und unsre Väter müssen uns

schämen, daß wir uns an dir versündigt haben.

9 Dein aber, HERR, unser Gott, ist die Barmherzigkeit und Vergebung. Denn wir sind abtrünnig geworden

10 und gehorchten nicht der Stimme des HERRN, unsers Gottes, daß wir gewandelt hätten in seinem Gesetz, welches er uns vorlegte durch seine Knechte, die Propheten;

11 sondern das ganze Israel übertrat dein Gesetz, und sie wichen ab, daß sie deiner Stimme nicht gehorchten. Darum trifft uns auch der Fluch und Schwur, der geschrieben steht im Gesetz Moses, des Knechtes Gottes, weil wir an ihm gesündigt haben.

12 Und er hat seine Worte gehalten, die er geredet hat wider uns und unsre Richter, die uns richten sollten, daß er so großes Unglück über uns hat gehen lassen, daß desgleichen unter dem ganzen Himmel nicht geschehen ist, wie über Jerusalem geschehen ist.

13 Gleichwie es geschrieben steht im Gesetz Mose's, so ist all dies große Unglück über uns gegangen. So beteten

wir auch nicht vor dem HERRN, unserm Gott, daß wir uns von den Sünden bekehrten und auf deine Wahrheit achteten.

14 Darum ist der HERR auch wach gewesen mit diesem Unglück und hat's über uns gehen lassen. Denn der HERR, unser Gott, ist gerecht in allen seinen Werken, die er tut; denn wir gehorchten seiner Stimme nicht.

15 Und nun, HERR, unser Gott, der du dein Volk aus Ägyptenland geführt hast mit starker Hand und hast dir einen Namen gemacht, wie er jetzt ist: wir haben ja gesündigt und sind leider gottlos gewesen.

16 Ach HERR, um aller deiner Gerechtigkeit willen, wende ab deinen Zorn und Grimm von deiner Stadt Jerusalem und deinem heiligen Berge. Denn um unsrer Sünden willen und um unsrer Väter Missetat willen trägt Jerusalem und dein Volk Schmach bei allen, die um uns her sind.

17 Und nun, unser Gott, höre das Gebet deines Knechtes und sein Flehen, und

siehe gnädig an dein Heiligtum, das verstört ist, um des HERRN willen.

18 Neige dein Ohr, mein Gott, und höre, tue deine Augen auf und sieh, wie wir verstört sind und die ganze Stadt, die nach deinem Namen genannt ist. Denn wir liegen vor dir mit unserm Gebet, nicht auf unsre Gerechtigkeit, sondern auf deine große Barmherzigkeit.

19 Ach HERR, höre, ach HERR, sei gnädig, ach HERR, merke auf und tue es, und verzieh nicht um deiner selbst willen, mein Gott! denn deine Stadt und dein Volk ist nach deinem Namen genannt.

20 Als ich noch so redete und betete und meine und meines Volks Israel Sünde bekannte und lag mit meinem Gebet vor dem HERRN, meinem Gott, um den heiligen Berg meines Gottes,

21 eben da ich so redete in meinem Gebet, flog daher der Mann Gabriel [Erzengel Gabriel, in der Gestalt eines Menschen (6)], den ich zuvor gesehen hatte im Gesicht, und rührte mich an um die Zeit des Abendopfers.

22 Und er unterrichtete mich und redete mit mir und sprach: Daniel, jetzt bin ich

ausgegangen, dich zu unterrichten.

23 Denn da du anfingst zu beten, ging dieser Befehl aus, und ich komme darum, daß ich dir's anzeige; denn du bist lieb und wert. So merke nun darauf, daß du das Gesicht verstehest. [Als du zu beten begannest, erging das Gotteswort, und ich bin gekommen, es dir zu verkünden. Denn du bist ein besonders geliebter Mann. So achte nun auf das Wort, damit du die Offenbarung genau verstehst. (7)]

24 Siebzig Wochen sind bestimmt über dein Volk und über die heilige Stadt, so wird dem Übertreten gewehrt und die Sünde abgetan und die Missetat versöhnt und die ewige Gerechtigkeit gebracht und die Gesichte und Weissagung versiegelt und ein Hochheiliges gesalbt werden.

25 So wisse nun und merke: von der Zeit an, da ausgeht der Befehl, daß Jerusalem soll wieder gebaut werden, bis auf den Gesalbten, den Fürsten, sind sieben Wochen; und zweiundsechzig Wochen, so werden die Gassen und Mauern wieder gebaut werden, wiewohl in kümmerlicher Zeit.

26 Und nach den zweiundsechzig Wochen wird der Gesalbte ausgerottet werden und nichts mehr sein. Und das Volk eines Fürsten wird kommen und die Stadt und das Heiligtum verstören, daß es ein Ende nehmen wird wie durch eine Flut; und bis zum Ende des Streits wird's wüst bleiben.

27 Er wird aber vielen den Bund stärken eine Woche lang. Und mitten in der Woche wird das Opfer und Speisopfer aufhören. Und bei den Flügeln werden stehen Gräuel der Verwüstung, bis das Verderben, welches beschlossen ist, sich über die Verwüstung ergießen wird.

10. Kapitel

*Neue Offenbarung
durch eine himmlische Erscheinung.*

1 Im dritten Jahr des Königs Kores aus Persien ward dem Daniel, der Beltsazar heißt, etwas offenbart, das gewiß ist und von großen Sachen; und er merkte darauf und verstand das Gesicht wohl.

2 Zur selben Zeit war ich, Daniel, traurig drei Wochen lang.

3 Ich aß keine leckere Speise, Fleisch und Wein kam nicht in meinen Mund, und salbte mich auch nie, bis die drei Wochen um waren.

4 Und am vierundzwanzigsten Tage des Monats war ich bei dem großen Wasser Hiddekkel

5 und hob meine Augen auf und sah, und siehe, da stand ein Mann in Leinwand und hatte einen goldenen Gürtel um seine Lenden.

6 Sein Leib war wie Türkis, sein Antlitz wie ein Blitz, seine Augen wie feurige Fackeln, seine Arme und Füße wie helles, glattes Erz, und seine Rede war wie ein großes Getön.

7 Ich, Daniel, aber sah solch Gesicht allein, und die Männer, so bei mir waren, sahen's nicht; doch fiel ein großer Schrecken über sie, daß sie flohen und sich verkrochen.

8 Und ich blieb allein und sah dies große Gesicht. Es blieb aber keine Kraft in mir, und ich ward sehr entstellt und hatte keine Kraft mehr.

9 Und ich hörte seine Rede; und in dem ich sie hörte, sank ich ohnmächtig auf mein Angesicht zur Erde.

10 Und siehe, eine Hand rührte mich an und half mir auf die Kniee und auf die Hände,

11 und er sprach zu mir: Du, lieber Daniel, merke auf die Worte, die ich mit dir rede, und richte dich auf; denn ich bin jetzt zu dir gesandt. Und da er solches mit mir redete, richtete ich mich auf und zitterte.

12 Und er sprach zu mir: Fürchte dich nicht, Daniel; denn von dem ersten Tage an, da du von Herzen begehrtest zu verstehen und dich kasteitest vor deinem Gott, sind deine Worte erhört; und ich bin gekommen um deinetwillen.

13 Aber der Fürst des Königreiches im Perserland hat mir einundzwanzig Tage widerstanden; und siehe, Michael, der vornehmsten Fürsten einer, kam mir zu Hilfe; da behielt ich den Sieg bei den Königen in Persien.

14 Nun aber komme ich, daß ich dich unterrichte, wie es deinem Volk hernach

gehen wird; denn das Gesicht wird erst nach etlicher Zeit geschehen.

15 Und als er solches mit mir redete, schlug ich mein Angesicht nieder zur Erde und schwieg still.

16 Und siehe, einer, gleich einem Menschen, rührte meine Lippen an. Da tat ich meinen Mund auf und redete und sprach zu dem, der vor mir stand: Mein HERR, meine Gelenke beben mir über dem Gesicht, und ich habe keine Kraft mehr;

17 und wie kann der Knecht meines HERRN mit meinem HERRN reden, weil nun keine Kraft mehr in mir ist und ich auch keinen Odem mehr habe?

18 Da rührte einer, gleich wie ein Mensch gestaltet, mich abermals an und stärkte mich

19 und sprach: Fürchte dich nicht, du lieber Mann! Friede sei mit dir! Und sei getrost, sei getrost! Und als er mit mir redete, ermannte ich mich und sprach: Mein HERR rede! denn du hast mich gestärkt.

20 Und er sprach: Weißt du auch, warum ich zu dir gekommen bin? Jetzt will ich

wieder hin und mit dem Fürsten in Perserland streiten; aber wenn ich wegziehe, siehe, so wird der Fürst von Griechenland kommen.

21 Doch ich will dir anzeigen, was geschrieben ist, was gewiß geschehen wird. Und es ist keiner, der mir hilft wider jene, denn euer Fürst Michael, [und kein einziger steht mir im Kampfe gegen jene (beiden) mit Entschiedenheit zur Seite außer eurem Schutzengel Michael. Doch ich will dir nun verkünden, was im Buch der Wahrheit aufgezeichnet steht. (8)]

11. Kapitel

Weissagung von den Königen in Persien,
von Alexander dem Großen,
den ägyptischen und syrischen Königen
und besonders von Antiochus Epiphanes,
dem Vorbild des Antichrists.

1 Denn ich stand ihm bei im ersten Jahr des Darius, des Meders, daß ich ihm hülfe und ihn stärkte.

2 Und nun will ich dir anzeigen, was

gewiß geschehen soll. Siehe, es werden drei Könige in Persien aufstehen; der vierte aber wird den größern Reichtum haben denn alle andern; und wenn er in seinem Reichtum am mächtigsten ist, wird er alles wider das Königreich in Griechenland erregen.

3 Darnach wird ein mächtiger König aufstehen und mit großer Macht herrschen, und was er will, wir er ausrichten.

4 Und wenn er aufs Höchste gekommen ist, wird sein Reich zerbrechen und sich in alle vier Winde des Himmels zerteilen, nicht auf seine Nachkommen, auch nicht mit solcher Macht, wie sie gewesen ist; denn sein Reich wird ausgerottet und Fremden zuteil werden.

5 Und der König gegen Mittag, welcher ist seiner Fürsten einer, wird mächtig werden; aber gegen ihn wird einer auch mächtig sein und herrschen, dessen Herrschaft wird groß sein.

6 Nach etlichen Jahren aber werden sie sich miteinander befreunden; die Tochter des Königs gegen Mittag wird kommen zum König gegen Mitternacht, Einigkeit

zu machen. Aber ihr wird die Macht des Arms nicht bleiben, dazu wird er und sein Arm nicht bestehen bleiben; sondern sie wird übergeben werden samt denen, die sie gebracht haben, und dem, der sie erzeugt hat, und dem, der sie eine Weile mächtig gemacht hat.

7 Es wird aber der Zweige einer von ihrem Stamm aufkommen; der wird kommen mit Heereskraft und dem König gegen Mitternacht in seine Feste fallen und wird's ausrichten und siegen.

8 Auch wird er ihre Götter und Bilder samt den köstlichen Kleinoden, silbernen und goldenen, wegführen nach Ägypten und etliche Jahre vor dem König gegen Mitternacht wohl stehen bleiben.

9 Und dieser wird ziehen in das Reich des Königs gegen Mittag, aber wieder in sein Land umkehren.

10 Aber seine Söhne werden zornig werden und große Heere zusammenbringen; und der eine wird kommen und wie eine Flut daherfahren und wiederum Krieg führen bis vor seine Feste.

11 Da wird der König gegen Mittag ergrimmen und ausziehen und mit dem König gegen Mitternacht streiten und wird einen solchen großen Haufen zusammenbringen, daß ihm jener Haufe wird in seine Hand gegeben,

12 Und wird den Haufen wegführen. Des wird sich sein Herz überheben, daß er so viele Tausende darniedergelegt hat; aber damit wird er sein nicht mächtig werden.

13 Denn der König gegen Mitternacht wird wiederum einen größeren Haufen zusammenbringen, als der vorige war; und nach etlichen Jahren wird er daherziehen mit großer Heereskraft und mit großem Gut.

14 Und zur selben Zeit werden sich viele wider den König gegen Mittag setzen; auch werden sich Abtrünnige aus deinem Volk erheben und die Weissagung erfüllen, und werden fallen.

15 Also wird der König gegen Mitternacht daherziehen und einen Wall aufschütten und eine feste Stadt gewinnen; und die Mittagsheere werden's nicht können wehren, und sein

bestes Volk wird nicht können widerstehen;

16 sondern der an ihn kommt, wird seinen Willen schaffen, und niemand wird ihm widerstehen können. Er wird auch in das werte Land kommen und wird's vollenden durch seine Hand.

17 Und wird sein Angesicht richten, daß er mit der Macht seines ganzen Königreichs komme. Aber er wird sich mit ihm vertragen und wird ihm seine Tochter zum Weibe geben, daß er ihn verderbe; aber es wird ihm nicht geraten und wird nichts daraus werden.

18 Darnach wird er sich kehren wider die Inseln und deren viele gewinnen. Aber ein Fürst wird ihn lehren aufhören mit Schmähen, daß er nicht mehr schmähe.

19 Also wird er sich wiederum kehren zu den Festen seines Landes und wird sich stoßen und fallen, daß ihn niemand finden wird.

20 Und an seiner Statt wird einer aufkommen, der wird einen Schergen sein herrliches Reich durchziehen lassen; aber nach wenigen Tagen wird er

zerbrochen werden, doch weder durch
Zorn noch durch Streit.

21 An des Statt wird aufkommen ein
Ungeachteter, welchem die Ehre des
Königreichs nicht zugedacht war; der
wird mitten im Frieden kommen und das
Königreich mit süßen Worten einnehmen.

22 Und die Heere, die wie eine Flut
daherfahren, werden von ihm wie mit
einer Flut überfallen und zerbrochen
werden, dazu auch der Fürst, mit dem
der Bund gemacht war.

23 Denn nachdem er mit ihm befreundet
ist, wird er listig gegen ihn handeln und
wird heraufziehen und mit geringem Volk
ihn überwältigen,

24 und es wird ihm gelingen, daß er in
die besten Städte des Landes kommen
wird; und wird's also ausrichten, wie es
weder seine Väter noch seine Voreltern
tun konnten, mit Rauben, Plündern und
Ausbeuten; und wird nach den
allerfestesten Städten trachten, und das
eine Zeitlang.

25 Und er wird seine Macht und sein
Herz wider den König gegen Mittag
erregen mit großer Heereskraft; Da wird

der König gegen Mittag gereizt werden
zum Streit mit einer großen, mächtigen
Heereskraft; aber er wird nicht bestehen,
denn es werden Verrätereien wider ihn
gemacht.

26 Und eben die sein Brot essen, die
werden ihn helfen verderben und sein
Heer unterdrücken, daß gar viele
erschlagen werden.

27 Und beider Könige Herz wird
denken, wie sie einander Schaden tun,
und werden an einem Tische fälschlich
miteinander reden. Es wird ihnen aber
nicht gelingen; denn das Ende ist noch
auf eine andere Zeit bestimmt.

28 Darnach wird er wiederum
heimziehen mit großem Gut und sein
Herz richten wider den heiligen Bund; da
wird er es ausrichten und also heim in
sein Land ziehen.

29 Darnach wird er zu gelegener Zeit
wieder gegen Mittag ziehen; aber es wird
ihm zum andernmal nicht geraten wie
zum erstenmal.

30 Denn es werden Schiffe aus Chittim
wider ihn kommen, daß er verzagen wird
und umkehren muß. Da wird er wider

den heiligen Bund ergrimmen und wird's nicht ausrichten; und wird sich umsehen und an sich ziehen, die den heiligen Bund verlassen.

31 Und es werden seine Heere daselbst stehen; die werden das Heiligtum in der Feste entweihen und das tägliche Opfer abtun und einen Gräuel der Verwüstung aufrichten.

32 Und er wird heucheln und gute Worte geben den Gottlosen, so den Bund übertreten. Aber die vom Volk, so ihren Gott kennen, werden sich ermannen und es ausrichten.

33 Und die Verständigen im Volk werden viele andere lehren; darüber werden sie fallen durch Schwert, Feuer, Gefängnis und Raub eine Zeitlang.

34 Und wenn sie so fallen, wird ihnen eine kleine Hilfe geschehen; aber viele werden sich zu ihnen tun betrüglich.

35 Und der Verständigen werden etliche fallen, auf daß sie bewährt, rein und lauter werden, bis daß es ein Ende habe; denn es ist noch eine andere Zeit vorhanden.

36 Und der König wird tun, was er will, und wird sich erheben und aufwerfen

wider alles, was Gott ist; und wider den Gott aller Götter wird er gräulich reden; und es wird ihm gelingen, bis der Zorn aus sei; denn es muß geschehen, was beschlossen ist.

37 Und die Götter seiner Väter wird er nicht achten; er wird weder Frauenliebe noch irgend eines Gottes achten; denn er wird sich wider alles aufwerfen.

[Und selbst auf den Gott seiner Väter wird er nicht achten, und weder auf den Schatz der Frauen noch auf irgendeinen Gott wird er achten; sondern er wird sich über alles erheben. (9)]

38 Aber anstatt dessen wird er den Gott der Festungen ehren; denn er wird einen Gott, davon seine Väter nichts gewußt haben, ehren mit Gold, Silber, Edelsteinen und Kleinoden

39 und wird denen, so ihm helfen die Festungen stärken mit dem fremden Gott, den er erwählt hat, große Ehre tun und sie zu Herren machen über große Güter und ihnen das Land zum Lohn austeilen.

40 Und am Ende wird sich der König gegen Mittag mit ihm messen; und der König gegen Mitternacht wird gegen ihn

stürmen mit Wagen, Reitern und vielen Schiffen und wird in die Länder fallen und verderben und durchziehen

41 und wird in das werte Land fallen, und viele werden umkommen. Diese aber werden seiner Hand entrinnen: Edom, Moab und die Vornehmsten der Kinder Ammon.

42 Und er wird seine Hand ausstrecken nach den Ländern, und Ägypten wird ihm nicht entrinnen;

43 sondern er wird herrschen über die goldenen und silbernen Schätze und über alle Kleinode Ägyptens; Libyer und Mohren werden in seinem Zuge sein.

44 Es wird ihn aber ein Geschrei erschrecken von Morgen und Mitternacht; und er wird mit großem Grimm ausziehen, willens, viele zu vertilgen und zu verderben.

45 Und er wird den Palast seines Gezeltes aufschlagen zwischen zwei Meeren um den werten heiligen Berg, bis es mit ihm ein Ende werde; und niemand wird ihm helfen.

12. Kapitel

Die Weissagung wird versiegelt.

1 Zur selben Zeit wird der große Fürst Michael, der für die Kinder deines Volkes steht, sich aufmachen. Denn es wird eine solche trübselige Zeit sein, wie sie nicht gewesen ist, seitdem Leute gewesen sind bis auf diese Zeit. Zur selben Zeit wird dein Volk errettet werden, alle, die im Buch geschrieben stehen.

2 Und viele, so unter der Erde schlafen liegen, werden aufwachen: etliche zum ewigen Leben, etliche zu ewiger Schmach und Schande.

3 Die Lehrer aber werden leuchten wie des Himmels Glanz, und die, so viele zur Gerechtigkeit weisen, wie die Sterne immer und ewiglich.

4 Und du, Daniel, verbirg diese Worte und versiegle diese Schrift bis auf die Letzte Zeit; so werden viele darüberkommen und großen Verstand finden.

5 Und ich, Daniel, sah, und siehe, es standen zwei andere da, einer an diesem

Ufer des Wassers, der andere an jenem Ufer.

6 Und er sprach zu dem in leinenen Kleidern, der über den Wassern des Flusses stand: Wann will's denn ein Ende sein mit solchen Wundern?

7 Und ich hörte zu dem in leinenen Kleidern, der über den Wassern des Flusses stand; und er hob seine rechte und linke Hand auf gen Himmel und schwur bei dem, der ewiglich lebt, daß es eine Zeit und zwei Zeiten und eine halbe Zeit währen soll; und wenn die Zerstreuung des heiligen Volkes ein Ende hat, soll solches alles geschehen.

8 Und ich hörte es; aber ich verstand's nicht und sprach: Mein Herr, was wird darnach werden?

9 Er aber sprach: Gehe hin, Daniel; denn es ist verborgen und versiegelt bis auf die letzte Zeit.

10 Viele werden gereinigt, geläutert und bewährt werden; und die Gottlosen werden gottlos Wesen führen, und die Gottlosen alle werden's nicht achten; aber die Verständigen werden's achten.

11 Und von der Zeit an, wenn das

tägliche Opfer abgetan und ein Gräuel
der Verwüstung aufgerichtet wird, sind
tausend zweihundertundneunzig Tage.

12 Wohl dem, der da wartet und erreicht
tausend dreihundert und fünfunddreißig
Tage!

13 Du aber, Daniel, gehe hin, bis das
Ende komme; und ruhe, daß du aufstehst
zu deinem Erbteil am Ende der Tage!

Anhang und Register:

(1) Elberfelder Bibel

(2) Elberfelder Bibel

(3) Züricher Bibel

(4) Elberfelder Bibel

(5) Menge Bibel

(6) vergl. unterschiedliche Bibelübersetzungen, siehe auch: Johannes Greber, Der Verkehr mit der Geisterwelt, seine Gesetze und sein Zweck

(7) vergl. unterschiedliche Bibelübersetzungen, siehe auch: Johannes Greber, Der Verkehr mit der Geisterwelt, seine Gesetze und sein Zweck

(8) Menge Bibel

(9) Elberfelder Bibel